Impressum
Verlag: BABADADA GmbH, Nedderfeld 112 , 22529 Hamburg
Geschäftsführer / Verlagsleitung: Harald Hof
Druck: Books on Demand GmbH, In de Tarpen 42, 22848 Norderstedt

Imprint
Publisher: BABADADA GmbH, Nedderfeld 112 , 22529 Hamburg, Germany
Managing Director / Publishing direction: Harald Hof
Print: Books on Demand GmbH, In de Tarpen 42, 22848 Norderstedt

el colegio
Šola

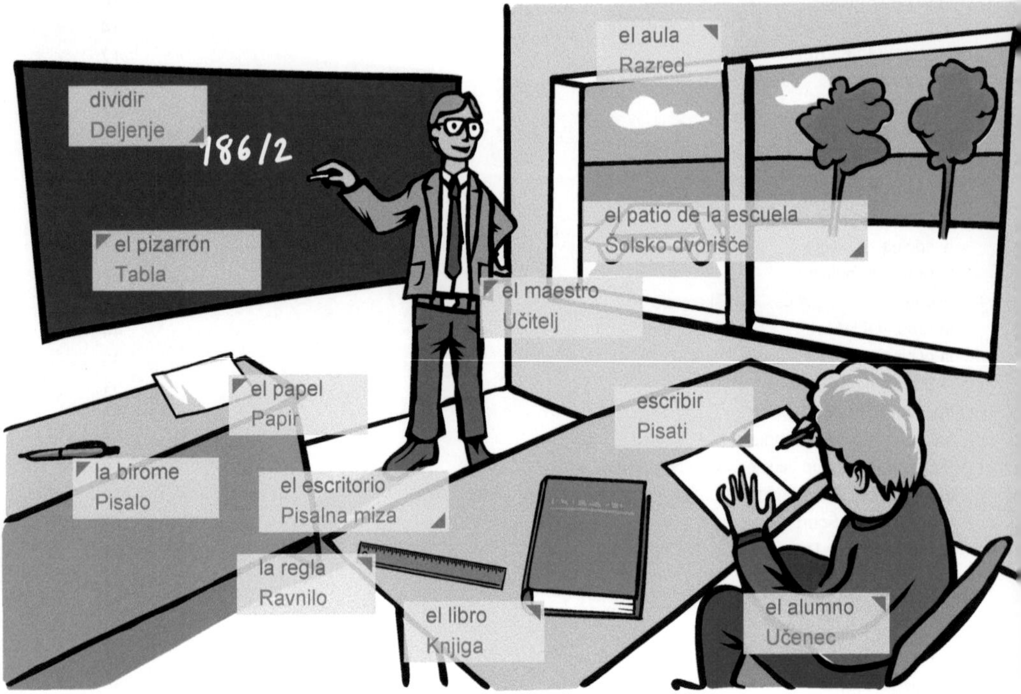
el aula
Razred
dividir
Deljenje
186/2
el pizarrón
Tabla
el patio de la escuela
Šolsko dvorišče
el maestro
Učitelj
el papel
Papir
escribir
Pisati
la birome
Pisalo
el escritorio
Pisalna miza
la regla
Ravnilo
el libro
Knjiga
el alumno
Učenec

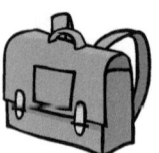

la mochila

Šolska torba

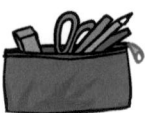

la caja de lápices

Peresnica

el lápiz

Svinčnik

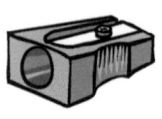

el sacapuntas

Šilček

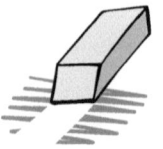

la goma (de borrar)

Radirka

el bloc de dibujo

Risalni blok

el dibujo

Risba

el pincel

Čopič

la caja de pinturas

Vodene barvice

la tijera

Škarje

el pegamento

Lepilo

el cuaderno de ejercicios

Zvezek

la tarea

Domača naloga

el numero

Število

sumar

Seštevanje

restar

Odštevanje

multiplicar

Množenje

calcular

Računanje

la letra

Črka

el abecedario

Abeceda

la palabra

Beseda

el texto

Besedilo

leer

Brati

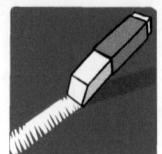

la tiza

Kreda

la lección

Učna ura

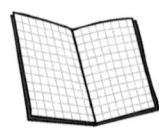

el cuaderno de clase

Redovalnica

el examen

Preizkus znanja

el certificado

Spričevalo

el uniforme escolar

Šolska uniforma

la educación

Izobrazba

la enciclopedia

Enciklopedija

la universidad

Univerza

el microscopio

Mikroskop

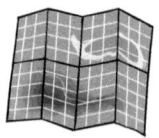

el mapa

Zemljevid

el tacho (de basura)

Koš za smeti

el viaje
Potovanje

el hotel
Hotel
Grand
el hostel
Hostel
ROOMS
la casa de cambio
Menjalnica
la valija
Kovček
el auto
Avtomobil

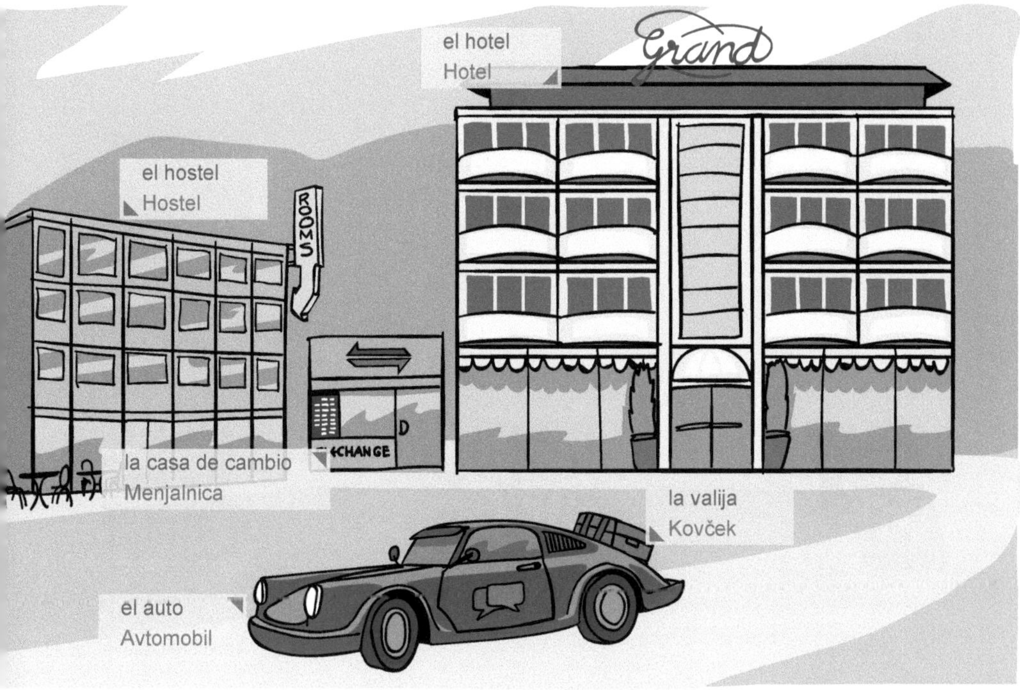

el idioma

Jezik

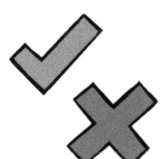

sí / no

da / ne

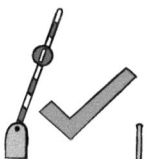

Está bien

Prav

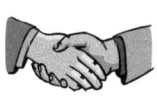

hola

Pozdravljeni

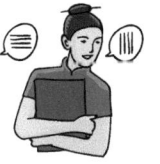

el traductor

Prevajalec

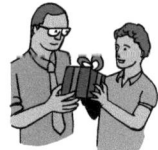

Gracias

Hvala

¿cuánto cuesta...?

Koliko stane...?

No entiendo

Ne razumem

el problema

Težava

¡Buenas tardes!

Dober večer!

¡Buenos días!

Dobro jutro!

¡Buenas noches!

Lahko noč!

el adiós

Nasvidenje

la dirección

Smer

el equipaje

Prtljaga

el bolso

Torba

la mochila

Nahrbtnik

el invitado

Gost

la habitación

Soba

la bolsa de dormir

Spalna vreča

la carpa

Šotor

la información turística

Turistične informacije

la playa

Plaža

la tarjeta de crédito

Kreditna kartica

el desayuno

Zajtrk

el almuerzo

Kosilo

la cena

Večerja

el pasaje

Vozovnica

el ascensor

Dvigalo

el sello

Znamka

la frontera

Meja

la aduana

Carina

la embajada

Veleposlaništvo

la visa

Vizum

el pasaporte

Potni list

el transporte
Prevoz

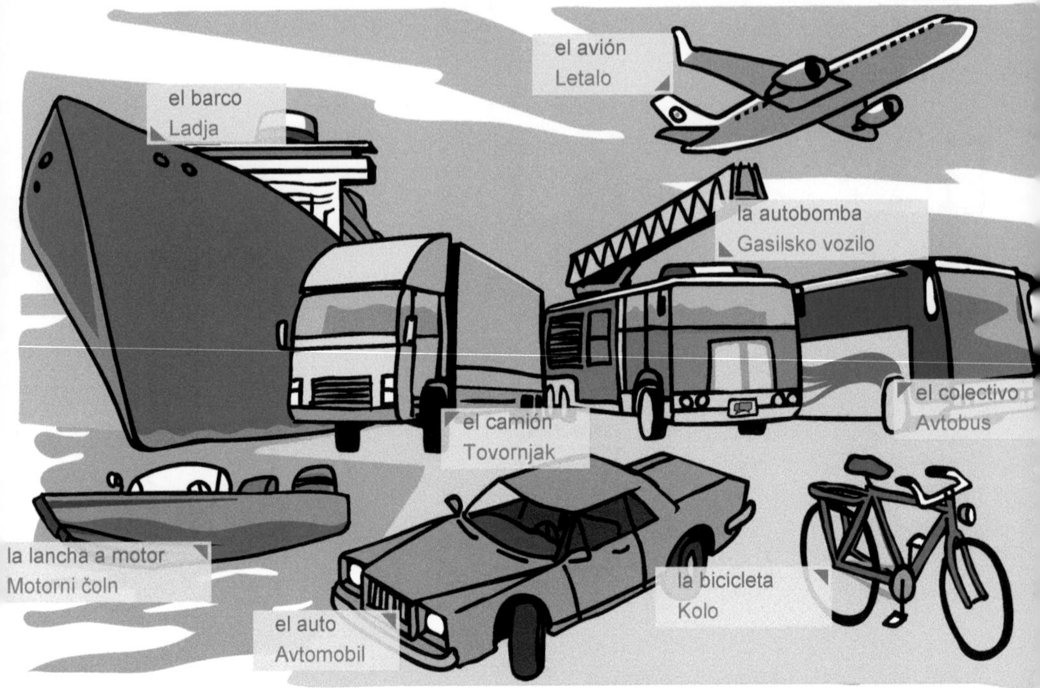

el avión
Letalo
el barco
Ladja
la autobomba
Gasilsko vozilo
el colectivo
Avtobus
el camión
Tovornjak
la lancha a motor
Motorni čoln
la bicicleta
Kolo
el auto
Avtomobil

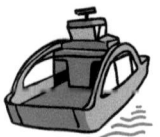

el ferry
Trajekt

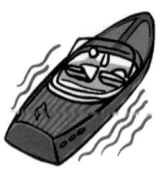

el bote
Čoln

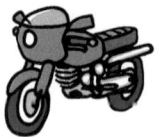

la moto
Motorno kolo

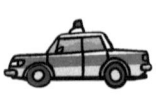

el patrullero
Policijski avto

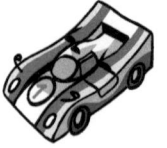

el auto de carreras
Dirkalni avto

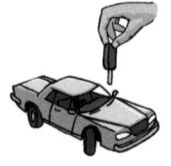

el auto de alquiler
Najeto vozilo

el alquiler de autos

Souporaba avtomobila

la grúa

Avtovleka

el camión de la basura

Smetarsko vozilo

el motor

Motor

la nafta

Gorivo

la estación de servicio

Bencinska postaja

la señal de tránsito

Prometni znak

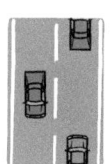

el tránsito

Promet

el embotellamiento

Zastoj

el estacionamiento

Parkirišče

la estación de tren

Železniška postaja

las vías

Tirnice

el tren

Vlak

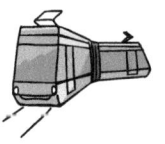

el tranvía

Tramvaj

el vagón

Vagon

el helicóptero

Helikopter

el aeropuerto

Letališče

la torre

Stolp

el pasajero

Potnik

el contenedor

Kontejner

la caja de cartón

Karton

la carretilla

Voziček

la canasta

Košara

despegar / aterrizar

vzleteti / pristati

la ciudad

Mesto

el pueblo

Vas

el centro de la ciudad

Mestno jedro

la casa

Hiša

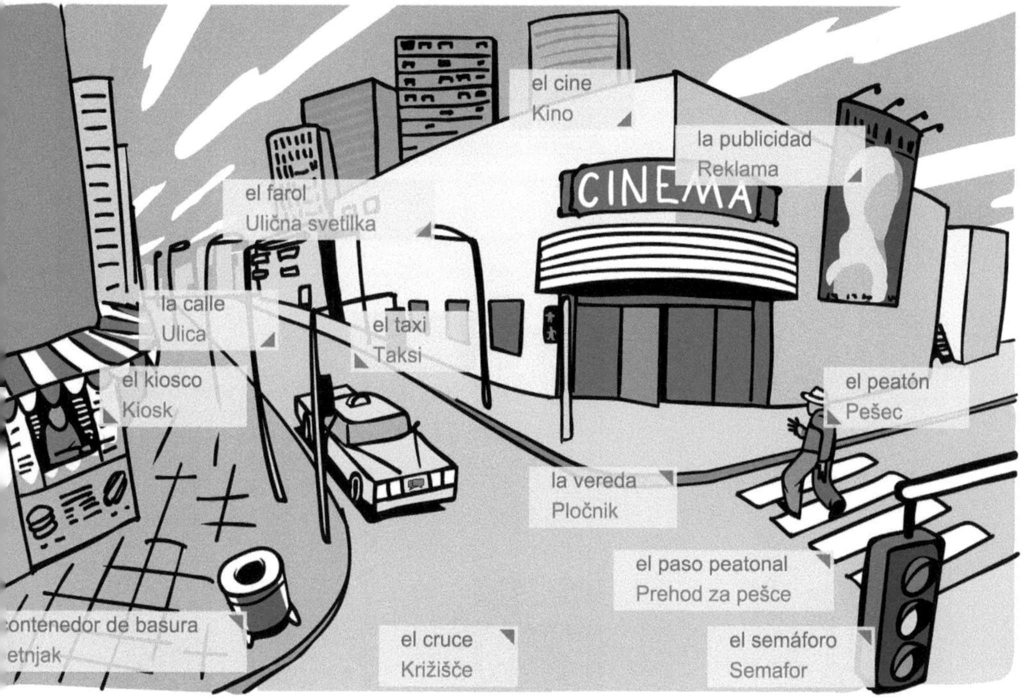

el cine
Kino

la publicidad
Reklama

el farol
Ulična svetilka

la calle
Ulica

el taxi
Taksi

el kiosco
Kiosk

el peatón
Pešec

la vereda
Pločnik

el paso peatonal
Prehod za pešce

el contenedor de basura
Smetnjak

el cruce
Križišče

el semáforo
Semafor

la cabaña
Koča

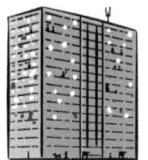

el departamento
Stanovanje

la estación de tren
Železniška postaja

la municipalidad
Mestna hiša

el museo
Muzej

el colegio
Šola

la universidad

Univerza

el banco

Banka

el hospital

Bolnišnica

el hotel

Hotel

la farmacia

Lekarna

la oficina

Pisarna

la librería

Knjigarna

el negocio

Trgovina

la florería

Cvetličarna

el supermercado

Supermarket

el mercado

Tržnica

las grandes tiendas

Veleblagovnica

la pescadería

Ribarnica

el centro comercial

Nakupovalno središče

el puerto

Pristanišče

el parque

Park

el banco

Klop

el puente

Most

las escaleras

Stopnice

el subte

Podzemna železnica

el túnel

Predor

la parada del colectivo

Avtobusno postajališče

el bar

Bar

el restaurante

Restavracija

el buzón

Poštni nabiralnik

el letrero

Ulična tabla

el parquímetro

Parkirna ura

el zoológico

Živalski vrt

la pileta

Kopališče

la mezquita

Mošeja

la granja

Kmetija

la contaminación

Onesnaževanje

el cementerio

Pokopališče

la iglesia

Cerkev

los juegos infantiles

Otroško igrišče

el templo

Tempelj

el paisaje

Pokrajina

la hoja
List

el poste indicador
Kažipot

el camino
Pot

la pradera
Travnik

la piedra
Kamen

el árbol
Drevo

el excursionista
Pohodnik

el río
Reka

la hierba
Trava

la flor
Cvetlica

el valle

Dolina

la montaña

Hrib

el lago

Jezero

el bosque

Gozd

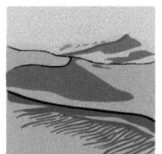

el desierto

Puščava

el volcán

Vulkan

el castillo

Grad

el arco iris

Mavrica

el champiñón

Goba

la palmera

Palma

el mosquito

Komar

la mosca

Muha

la hormiga

Mravlja

la abeja

Čebela

la araña

Pajek

el escarabajo

Hrošč

la rana

Žaba

la ardilla

Veverica

el erizo

Jež

la liebre

Zajec

la lechuza

Sova

el pájaro

Ptič

el cisne

Labod

el jabalí

Divji prašič

el ciervo

Jelen

el alce

Los

la presa

Jez

el aerogenerador

Vetrnica

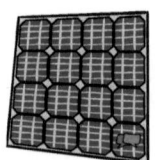

el panel solar

Solarna plošča

el clima

Podnebje

el restaurante
Restavracija

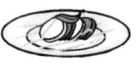

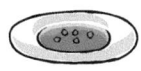

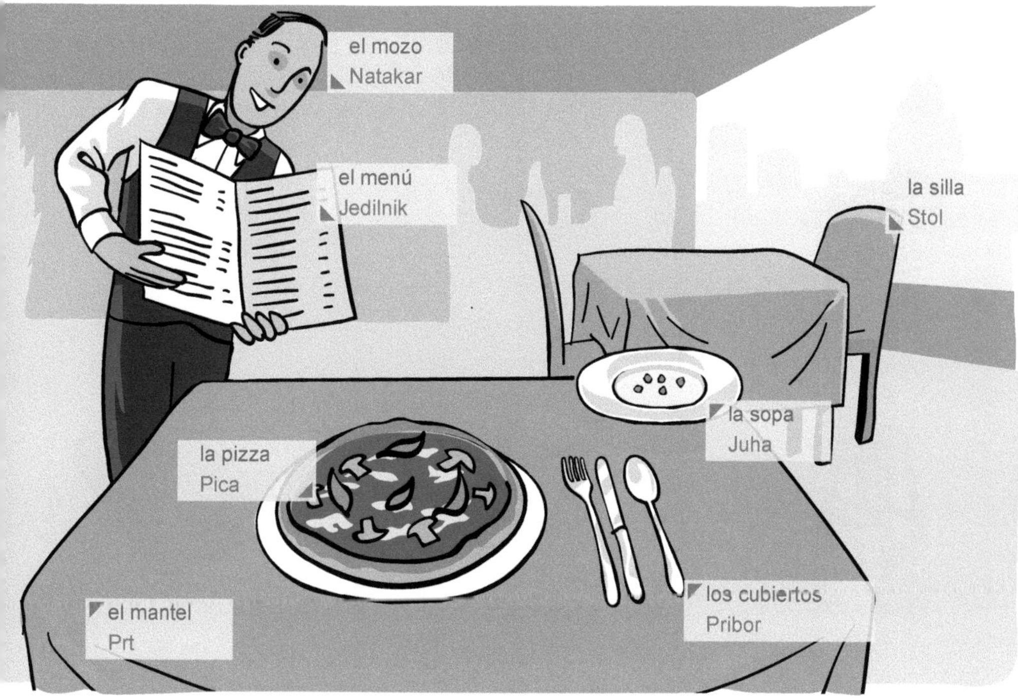
el mozo
Natakar
el menú
Jedilnik
la silla
Stol
la sopa
Juha
la pizza
Pica
el mantel
Prt
los cubiertos
Pribor

la entrada

Predjed

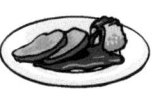

el plato principal

Glavna jed

el postre

Sladica

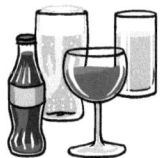

las bebidas

Pijače

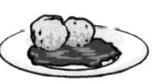

la comida

Hrana

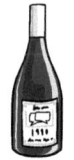

la botella

Steklenica

la comida rápida

Hitra hrana

la comida callejera

Ulična hrana

la tetera

Čajnik

la azucarera

Sladkornica

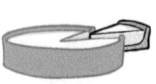

la porción

Porcija

la cafetera expreso

Aparat za espresso

la sillita alta

Stolček za hranjenje

la cuenta

Račun

la bandeja

Pladenj

el cuchillo

Nož

el tenedor

Vilica

la cuchara

Žlica

la cucharita

Čajna žlička

la servilleta

Servieta

el vaso

Kozarec

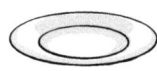

el plato

Krožnik

el plato hondo

Globoki krožnik

el plato

Krožniček

la salsa

Omaka

el salero

Solnica

el molinillo de pimienta

Mlinček za poper

el vinagre

Kis

el aceite

Olje

las especias

Začimbe

el kétchup

Kečap

la mostaza

Gorčica

la mayonesa

Majoneza

el supermercado
Supermarket

la oferta especial
Posebna ponudba
FOR
el cliente
Stranka
los lácteos
Mlečni izdelki
la fruta
Sadje
el changuito
Nakupovalni voziček

BUTCHERS

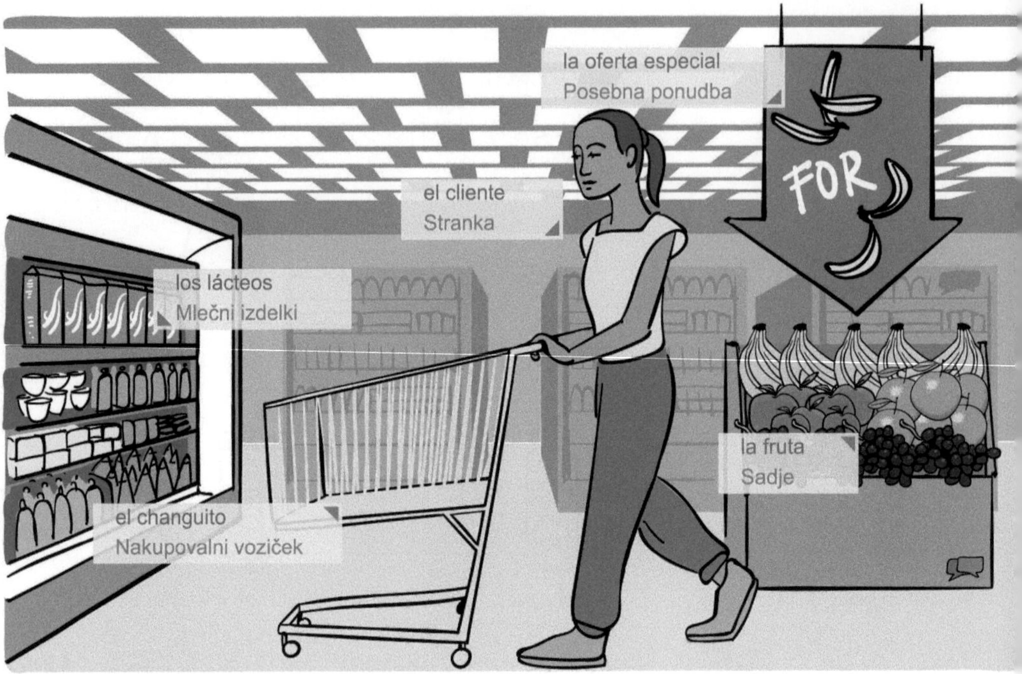

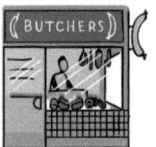

la carnicería

Mesnica

BAKERY

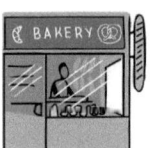

la panadería

Pekarna

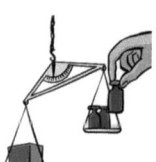

pesar

Tehtati

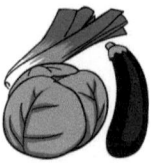

las verduras

Zelenjava

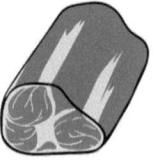

la carne

Meso

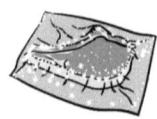

los alimentos congelados

Zamrznjena hrana

los fiambres

Hladne mesnine

los alimentos enlatados

Konzerve

el detergente en polvo

Pralni prašek

las golosinas

Sladkarije

los electrodomésticos

Gospodinjski izdelki

los productos de limpieza

Čistilno sredstvo

la vendedora

Prodajalka

la caja

Blagajna

el cajero

Blagajnik

la lista de compras

Nakupovalni seznam

el horario de atención

Delovni čas

la billetera

Denarnica

la tarjeta de crédito

Kreditna kartica

la cartera

Torba

la bolsa de plástico

Plastična vrečka

el agua

Voda

el jugo

Sok

la leche

Mleko

la bebida cola

Kola

el vino

Vino

la cerveza

Pivo

el alcohol

Alkohol

el cacao

Kakav

el té

Čaj

el café

Kava

el café expreso

Espresso

el cappuccino

Kapučino

la banana

Banana

la manzana

Jabolko

la naranja

Pomaranča

el melón

Lubenica

el limón

Limona

la zanahoria

Korenje

el ajo

Česen

el bambú

Bambus

la cebolla

Čebula

el champiñón

Goba

las nueces

Oreščki

los fideos

Rezanci

los tallarines

Špageti

el arroz

Riž

la ensalada

Solata

las papas fritas

Ocvrt krompirček

las papas fritas

Pečen krompir

la pizza

Pica

la hamburguesa

Hamburger

el sándwich

Sendvič

el churrasco

Zrezek

el jamón

Šunka

el salame

Salama

la salchicha

Klobasa

el pollo

Piščanec

el asado

Pečenka

el pescado

Riba

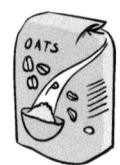

los copos de avena

Ovseni kosmiči

el muesli

Musli

los copos de maíz

Koruzni kosmiči

la harina

Moka

la medialuna

Rogljiček

el pancito

Žemlja

el pan

Kruh

la tostada

Prepečenec

las galletitas

Piškoti

la manteca

Maslo

la cuajada

Skuta

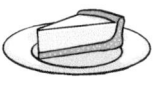

la torta

Torta

el huevo

Jajce

el huevo frito

Pečeno jajce na oko

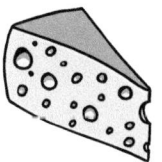

el queso

Sir

el helado

Sladoled

el azúcar

Sladkor

la miel

Med

la mermelada

Marmelada

la pasta de chocolate

Čokoladni namaz

el curry

Kari

la granja
Kmetija

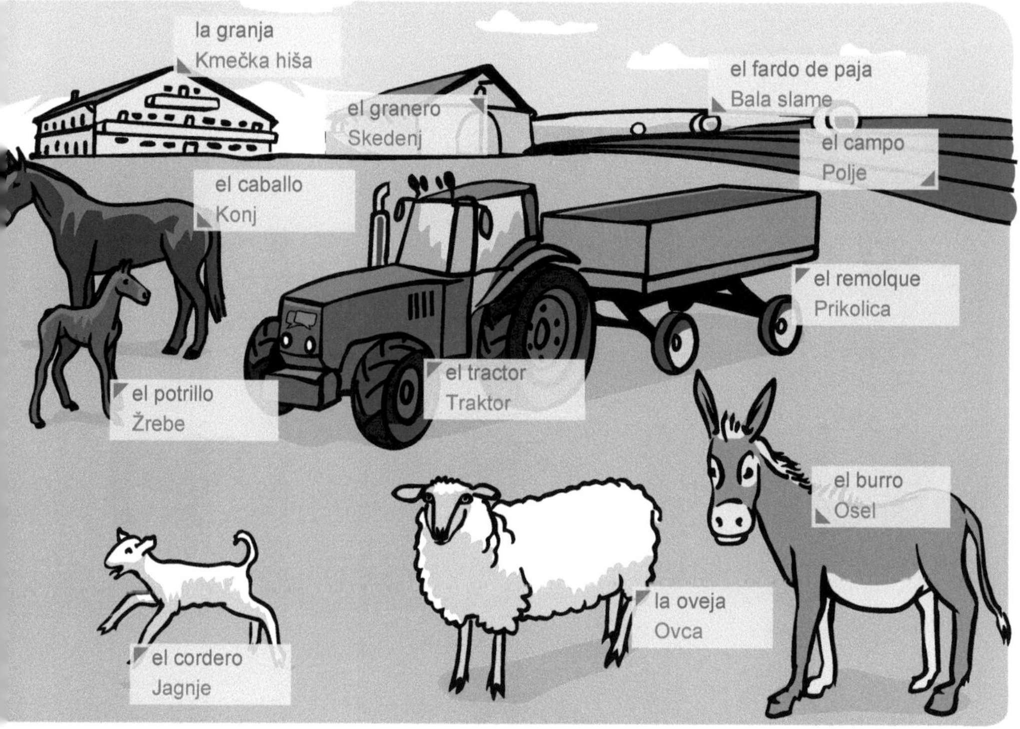

la granja
Kmečka hiša
el granero
Skedenj
el fardo de paja
Bala slame
el campo
Polje
el caballo
Konj
el remolque
Prikolica
el tractor
Traktor
el potrillo
Žrebe
el burro
Osel
la oveja
Ovca
el cordero
Jagnje

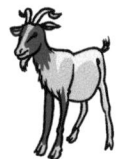

la cabra

Koza

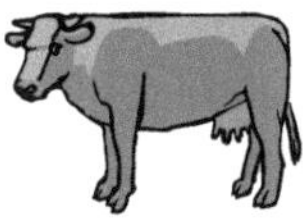

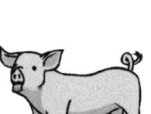

la vaca

Krava

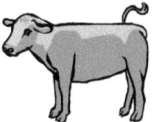

el ternero

Tele

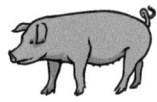

el cerdo

Prašič

el lechón

Pujsek

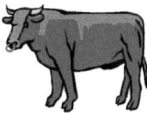

el toro

Bik

el ganso

Gos

el pato

Raca

el pollo

Piščanec

la gallina

Kokoš

el gallo

Petelin

la rata

Podgana

el gato

Mačka

el ratón

Miš

el buey

Vol

el perro

Pes

la cucha

Pasja uta

la manguera

Cev za zalivanje

la regadera

Kangla za zalivanje

la guadaña

Kosa

el arado

Plug

la hoz
Srp

la azada
Motika

la horquilla
Vile

el hacha
Sekira

la carretilla
Samokolnica

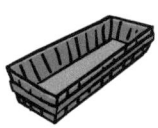

el abrevadero
Korito

la lechera
Kangla za mleko

la bolsa
Vreča

la reja
Ograja

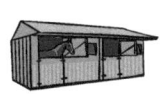

el establo
Hlev

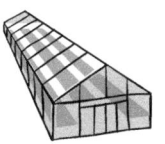

el invernadero
Rastlinjak

el suelo
Prst

la semilla
Seme

el fertilizador
Gnojilo

la cosechadora
Kombajn

cosechar

Žeti

la cosecha

Žetev

las batatas

Jam

el trigo

Pšenica

la soja

Soja

la papa

Krompir

el maíz

Koruza

la semilla de colza

Oljna ogrščica

el árbol frutal

Sadno drevo

la mandioca

Maniok

los cereales

Žito

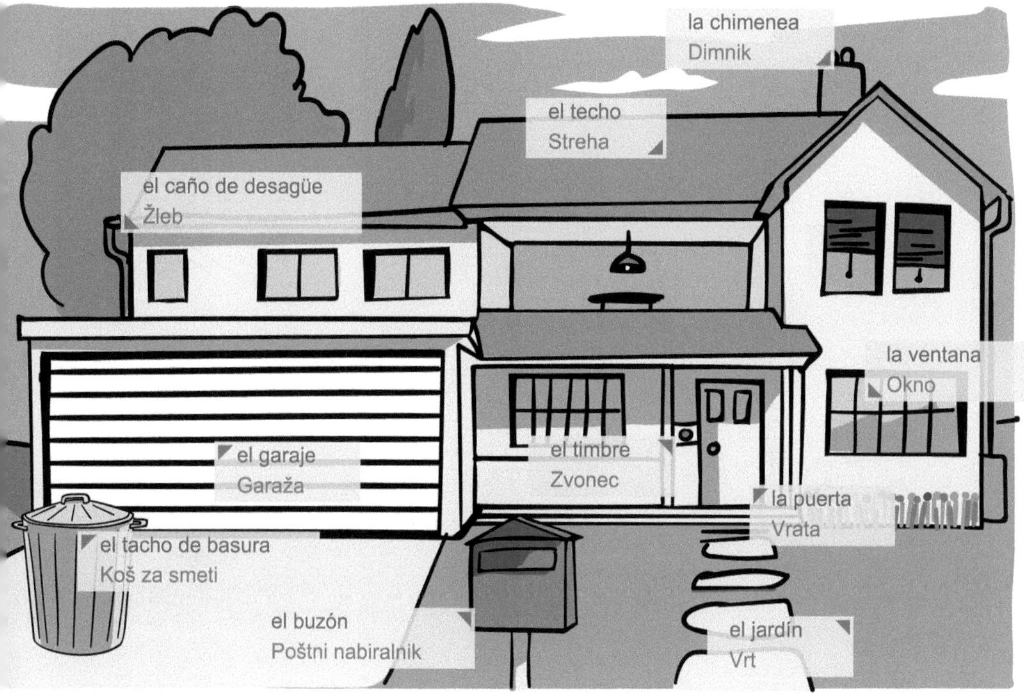

la chimenea
Dimnik

el techo
Streha

el caño de desagüe
Žleb

la ventana
Okno

el garaje
Garaža

el timbre
Zvonec

la puerta
Vrata

el tacho de basura
Koš za smeti

el buzón
Poštni nabiralnik

el jardín
Vrt

el living

Dnevna soba

el baño

Kopalnica

la cocina

Kuhinja

el dormitorio

Spalnica

el cuarto de los chicos

Otroška soba

el comedor

Jedilnica

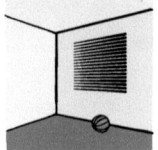

el piso

Tla

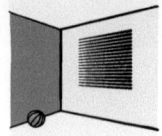

la pared

Stena

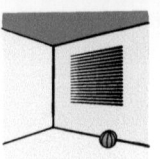

el cielorraso

Strop

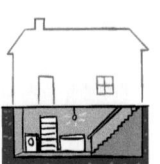

el sótano

Klet

el sauna

Savna

el balcón

Balkon

la terraza

Terasa

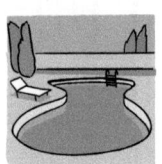

la pileta

Bazen

la cortadora de pasto

Kosilnica

la sábana

Rjuha

el acolchado

Posteljno pregrinjalo

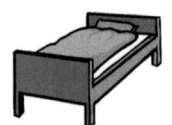

la cama

Postelja

la escoba

Metla

el balde

Vedro

el interruptor

Stikalo

el living
Dnevna soba

el empapelado
Tapeta
la imagen
Slika
la lámpara
Svetilka
el estante
Polica
el armario
Omara
la televisión
Televizor
la chimenea
Kamin
la flor
Cvetlica
el almohadón
Blazina
el sofá
Zofa
el florero
Vaza
el control remoto
Daljinski upravljalnik

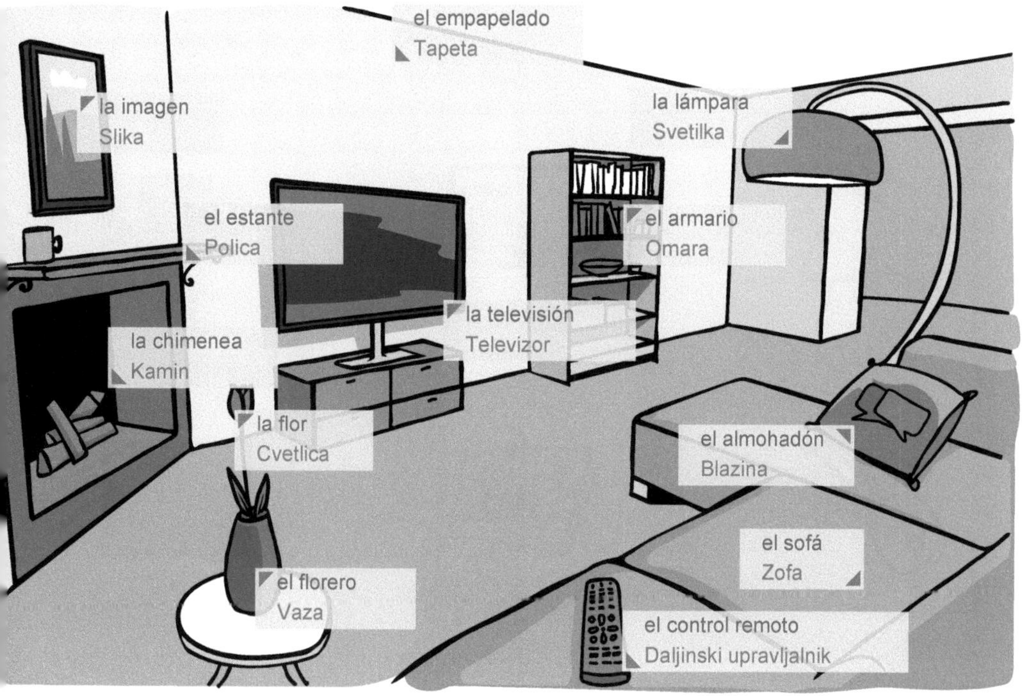

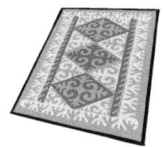

la alfombra

Preproga

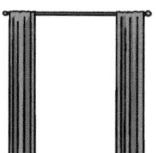

la cortina

Zavesa

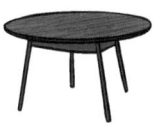

la mesa

Miza

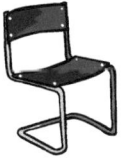

la silla

Stol

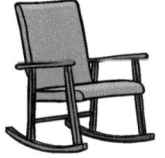

la mecedora

Gugalnik

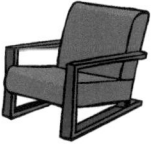

el sillón

Naslanjač

el libro

Knjiga

la frazada

Odeja

la decoración

Dekoracija

la leña

Drva

la película

Film

el equipo de música

Glasbeni stolp

la llave

Ključ

el diario

Časopis

la pintura

Slika

el póster

Plakat

la radio

Radio

el cuaderno

Beležka

la aspiradora

Sesalnik

el cactus

Kaktus

la vela

Sveča

la cocina
Kuhinja

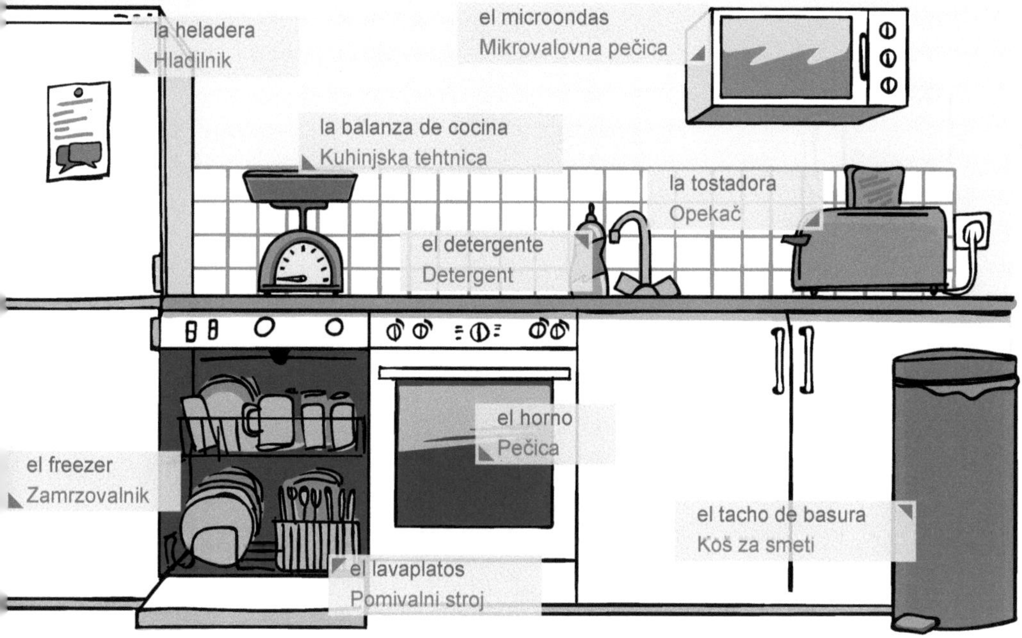

la heladera
Hladilnik
el microondas
Mikrovalovna pečica
la balanza de cocina
Kuhinjska tehtnica
la tostadora
Opekač
el detergente
Detergent
el horno
Pečica
el freezer
Zamrzovalnik
el tacho de basura
Koš za smeti
el lavaplatos
Pomivalni stroj

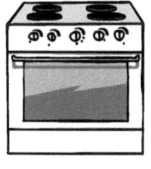

la cocina

Kozica

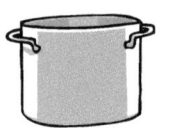

la olla

Lonec

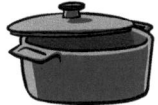

la olla de hierro fundido

Litoželezni lonec

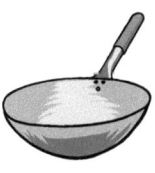

el wok

Vok / kadai

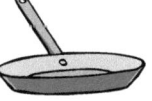

la sartén

Ponev

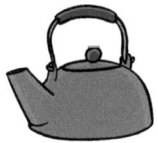

la pava

Kotliček

la vaporera

Parni kuhalnik

la bandeja de horno

Pekač

la vajilla

Posoda

la taza

Skodelica

el bol

Skleda

los palitos

Jedilne paličice

el cucharón

Zajemalka

la espátula

Lopatica

la batidora

Metlica

el colador

Cedilnik

el colador

Cedilo

el rallador

Strgalo

el mortero

Možnar

la parrilla

Žar

la fogata

Ognjišče

la tabla de picar

Deska za rezanje

el palo de amasar

Valjar

el sacacorchos

Odpirač za steklenice

la lata

Pločevinka

el abrelatas

Odpirač za konzerve

la manopla

Prijemalka za posodo

la pileta

Korito

el cepillo

Ščetka

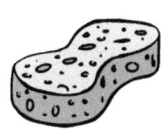

la esponja

Goba

la batidora

Mešalnik

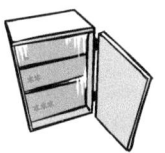

el congelador

Zamrzovalna skrinja

la mamadera

Steklenička

la canilla

Pipa

el baño
Kopalnica

la calefacción
Ogrevanje
la ducha
Prha
la toalla
Brisača
la cortina de la ducha
Zavesa za prho
el baño de espuma
Peneča kopel
la bañadera
Kopalna kad
el vaso
Kozarec
el lavarropas
Pralni stroj
la canilla
Pipa
las baldosas
Ploščice
la pelela
Kahlica
la pileta
Korito

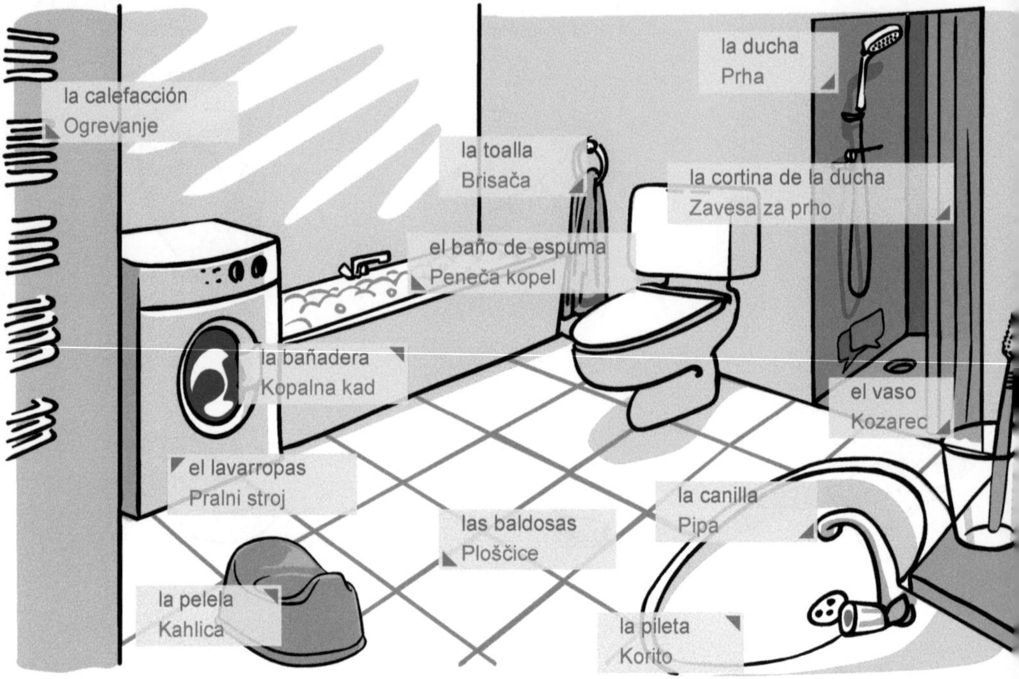

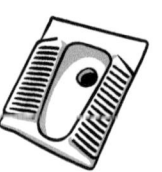

el inodoro

Stranišče

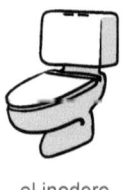

la letrina

Stranišče na počep

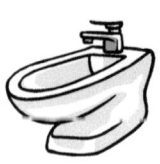

el bidé

Bide

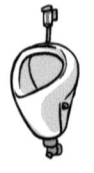

el mingitorio

Pisoar

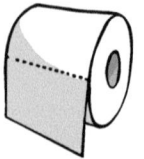

el papel higiénico

Toaletni papir

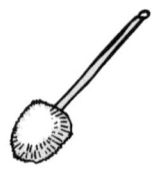

el cepillo para el inodoro

Ščetka za straniščno školjko

el cepillo de dientes

Zobna ščetka

el dentífrico

Zobna pasta

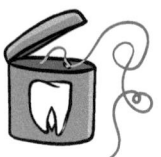

el hilo dental

Zobna nitka

lavar

Umiti se

la ducha de mano

Ročna prha

la ducha higiénica

Prha za intimne dele

la palangana

Umivalnik

el cepillo para la espalda

Krtača za hrbet

el jabón

Milo

el gel de ducha

Gel za prhanje

el shampoo

Šampon

la toallita

Krpica za miljenje

el desagüe

Odtok

la crema

Krema

el desodorante

Deodorant

el espejo

Ogledalo

el espejito

Ročno ogledalo

la maquinita de afeitar

Britvica

la espuma de afeitar

Pena za britje

el aftershave

Vodica po britju

el peine

Glavnik

el cepillo

Ščetka

el secador de pelo

Sušilnik za lase

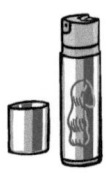

el spray

Lak za lase

el maquillaje

Ličila

el lápiz de labios

Šminka

el esmalte para uñas

Lak za nohte

el algodón

Vatirane blazinice

la tijera para uñas

Škarjice za nohte

el perfume

Parfum

el baño - Kopalnica

el portacosméticos

Toaletna torbica

la banqueta

Stol brez naslonjala

la balanza

Osebna tehtnica

la bata

Kopalni plašč

los guantes de goma

Gumijaste rokavice

el tampón

Tampon

la toallita femenina

Damski vložki

el baño químico

Kemično stranišče

el baño - Kopalnica

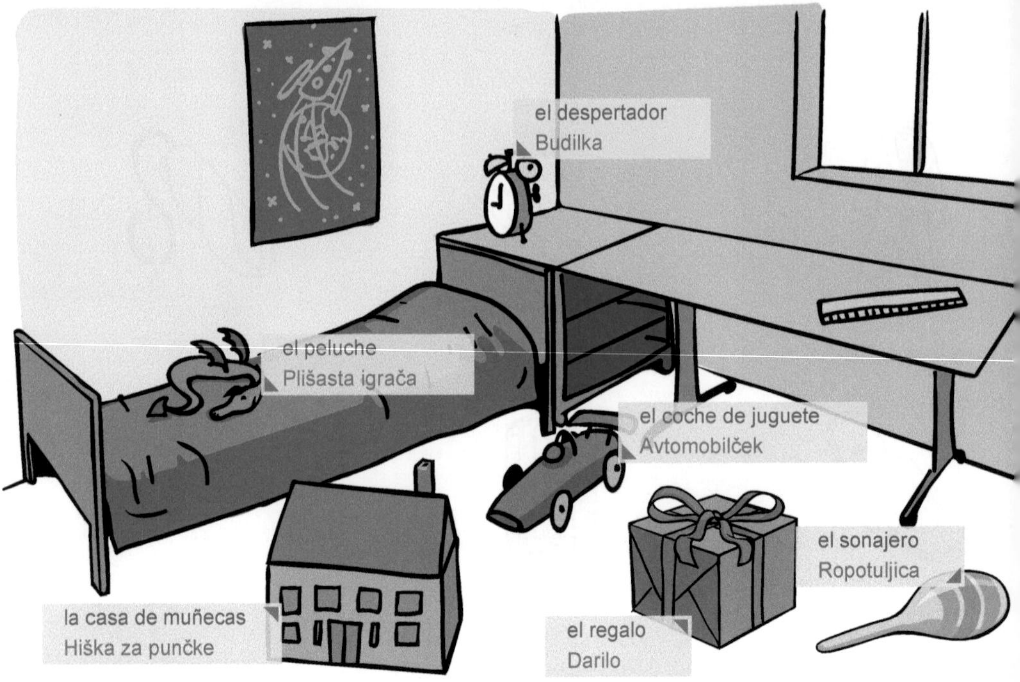

el despertador
Budilka
el peluche
Plišasta igrača
el coche de juguete
Avtomobilček
el sonajero
Ropotuljica
la casa de muñecas
Hiška za punčke
el regalo
Darilo

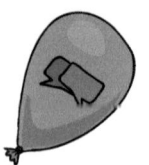

el globo

Balon

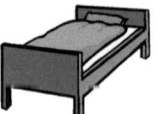

la cama

Postelja

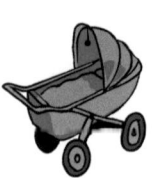

el cochecito

Otroški voziček

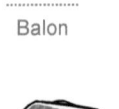

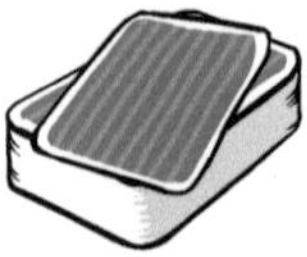

las cartas

Igralne karte

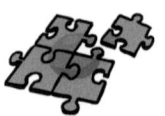

el rompecabezas

Sestavljanka

SUPER
MEGA

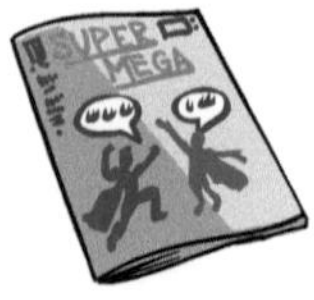

la historieta

Strip

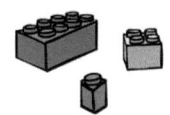

las piezas de lego

Lego kocke

los ladrillos de juguete

Igralne kocke

la figura de acción

Akcijska figura

el enterito (de bebé)

Bodi

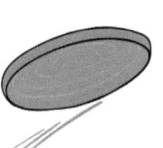

el frisbee

Frizbi

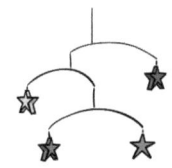

el móvil para bebés

Vrtiljak za posteljico

el juego de mesa

Namizna igra

los dados

Kocka

el tren eléctrico

Komplet modelov vlakov

el chupete

Duda

la fiesta

Zabava

el libro de cuentos ilustrado

Slikanica

la pelota

Žoga

la muñeca

Lutka

jugar

Igrati se

el arenero

Peskovnik

la hamaca

Gugalnica

los juguetes

Igrače

la consola de videojuegos

Igralna konzola

el triciclo

Tricikel

el osito de peluche

Plišasti medvedek

el armario

Garderoba

la ropa

Oblačilo

las medias

Nogavice

las medias panty

Samostoječe nogavice

las calzas

Hlačne nogavice

la bufanda
Šal

el cinturón
Pas

el paraguas
Dežnik

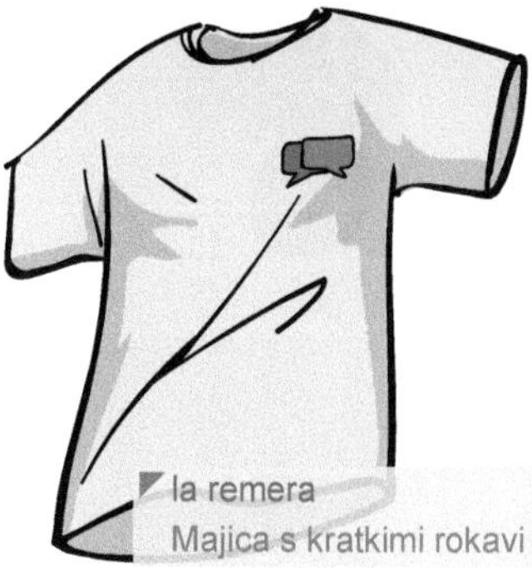

la remera
Majica s kratkimi rokavi

las zapatillas
Športni copati

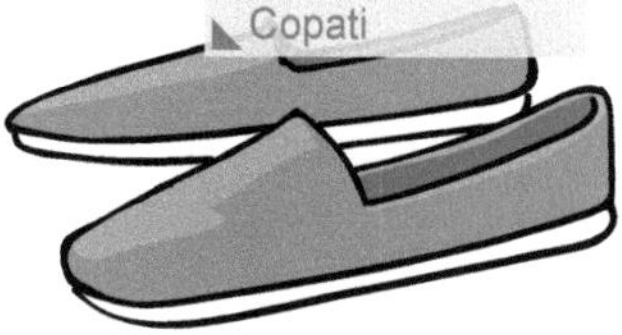

las botas
Škornji

las pantuflas
Copati

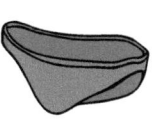

las sandalias
Sandali

los zapatos
Čevlji

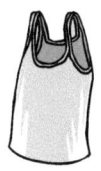

las botas de goma
Gumijasti škornji

la ropa interior
Spodnje hlače

el corpiño
Modrček

el chaleco
Telovnik

el body
Bodi

los pantalones
Hlače

los jeans
Kavbojke

la pollera
Krilo

la blusa
Bluza

la camisa
Srajca

el pulóver
Pulover

el buzo
Pletena jopica

el blazer
Jopa

la campera
Jakna

el tapado
Plašč

el piloto
Dežni plašč

el traje
Kostim

el vestido
Obleka

el vestido de novia
Poročna obleka

el traje

Obleka

el camisón

Spalna srajca

el pijama

Pižama

el sari

Sari

el pañuelo para la cabeza

Naglavna ruta

el turbante

Turban

la burka

Burka

el caftan

Kaftan

la abaya

Abaja

el traje de baño

Kopalke

el short de baño

Kopalne hlače

los shorts

Kratke hlače

el jogging

Trenirka

el delantal

Predpasnik

los guantes

Rokavice

el botón

Gumb

los anteojos

Očala

la pulsera

Zapestnica

el collar

Verižica

el anillo

Prstan

el aro

Uhan

la gorra

Kapa

la percha

Obešalnik

el sombrero

Klobuk

la corbata

Kravata

el cierre

Zadrga

el casco

Čelada

los tiradores

Naramnice

el uniforme escolar

Šolska uniforma

el uniforme

Uniforma

el babero

Slinček

el chupete

Duda

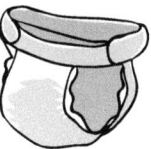

el pañal

Plenica

la oficina
Pisarna

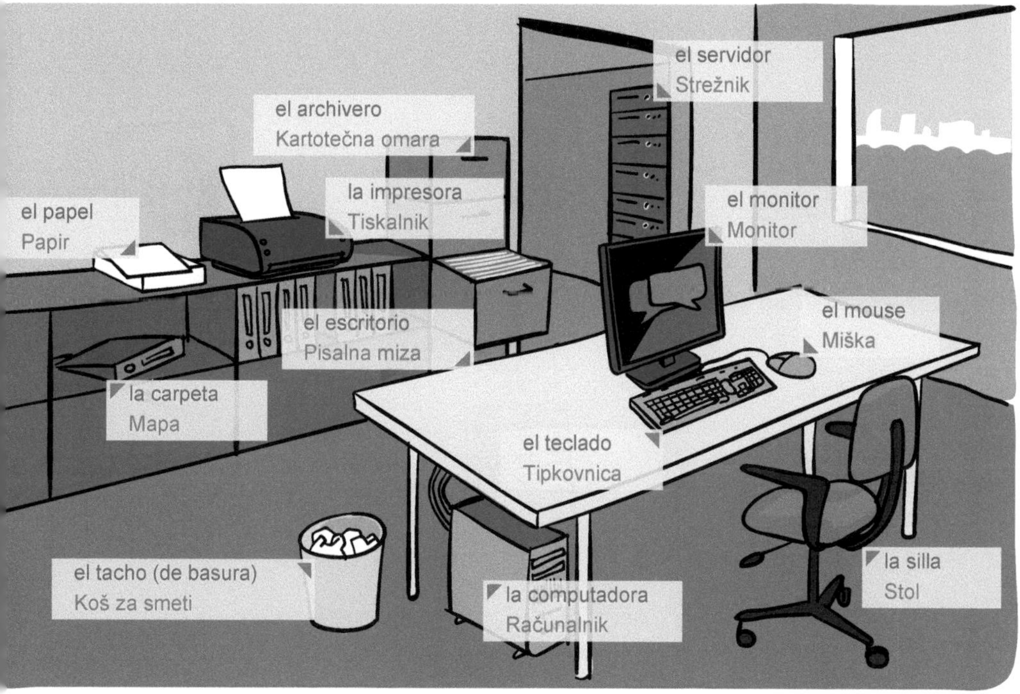

el servidor
Strežnik

el archivero
Kartotečna omara

la impresora
Tiskalnik

el papel
Papir

el monitor
Monitor

el escritorio
Pisalna miza

el mouse
Miška

la carpeta
Mapa

el teclado
Tipkovnica

el tacho (de basura)
Koš za smeti

la computadora
Računalnik

la silla
Stol

la taza de café

Lonček za kavo

la calculadora

Kalkulator

el internet

Internet

la laptop

Prenosnik

la carta

Pismo

el mensaje

Sporočilo

el celular

Mobilnik

la red

Omrežje

la fotocopiadora

Kopirni stroj

el software

Programska oprema

el teléfono

Telefon

el tomacorriente

Vtičnica

el fax

Telefaks

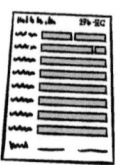

el formulario

Obrazec

el documento

Dokument

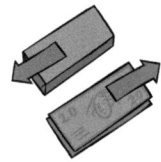

comprar

Kupiti

pagar

Plačati

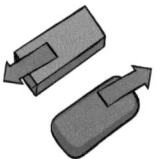

hacer negocios

Trgovati

el dinero

Denar

el dólar

Dolar

el euro

Evro

el yen

Jen

el rublo

Rubelj

el franco suizo

Švičarski frank

el yuan

Kitajski juan renminbi

la rupia

Rupija

el cajero automático

Bankomat

la casa de cambio

Menjalnica

el oro

Zlato

la plata

Srebro

el petróleo

Nafta

la energía

Energija

el precio

Cena

el contrato

Pogodba

el impuesto

Davek

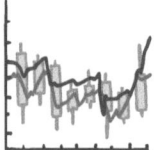

la acción

Delnice

trabajar

Delati

el empleado

Delojemalec

el empleador

Delodajalec

la fábrica

Tovarna

el negocio

Trgovina

las ocupaciones
Poklici

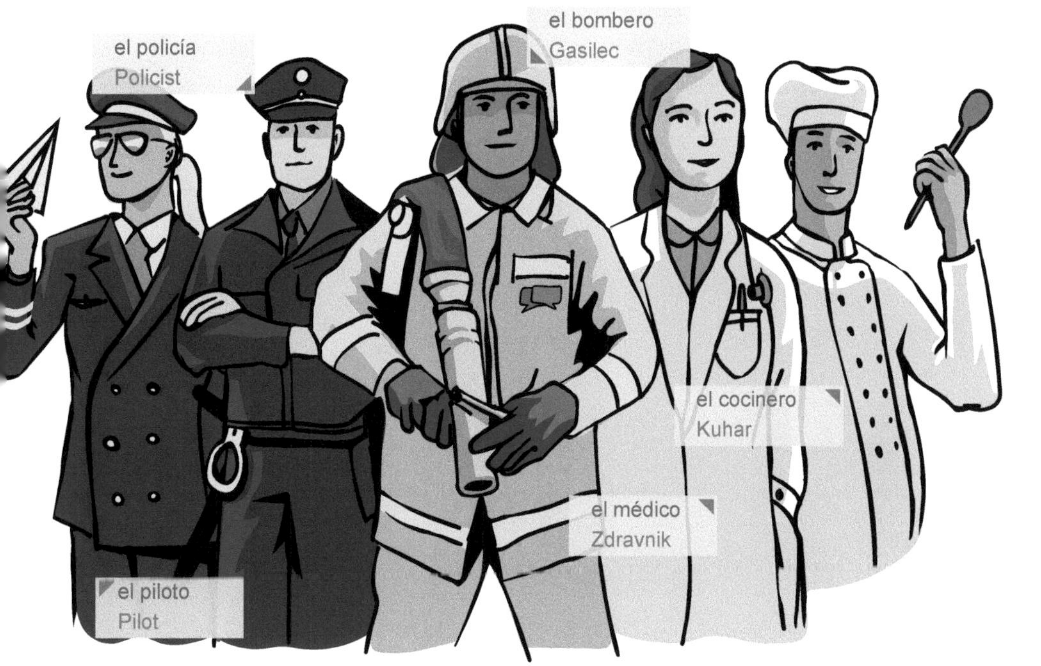
el bombero
Gasilec
el policía
Policist
el cocinero
Kuhar
el médico
Zdravnik
el piloto
Pilot

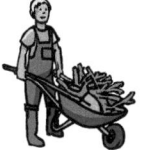

el jardinero
Vrtnar

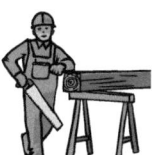

el carpintero
Mizar

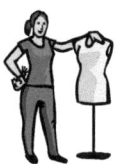

la modista
Šivilja

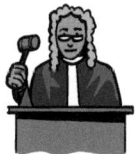

el juez
Sodnik

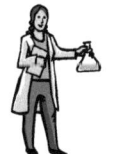

el farmacéutico
Kemik

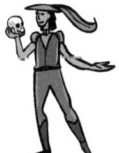

el actor
Igralec

el colectivero

Voznik avtobusa

el taxista

Taksist

el pescador

Ribič

la mucama

Čistilka

el techista

Krovec

el mozo

Natakar

el cazador

Lovec

el pintor

Pleskar

el panadero

Pek

el electricista

Električar

el albañil

Gradbenik

el ingeniero

Inženir

el carnicero

Mesar

el plomero

Vodovodni inštalater

el cartero

Poštar

el soldado

Vojak

el arquitecto

Arhitekt

el cajero

Blagajnik

el florista

Cvetličar

el peluquero

Frizer

el cobrador

Sprevodnik

cl mecánico

Mehanik

el capitan

Kapitan

el dentista

Zobozdravnik

el científico

Znanstvenik

el rabino

Rabin

el imán

Imam

el monje

Menih

el sacerdote

Duhovnik

las herramientas
Orodje

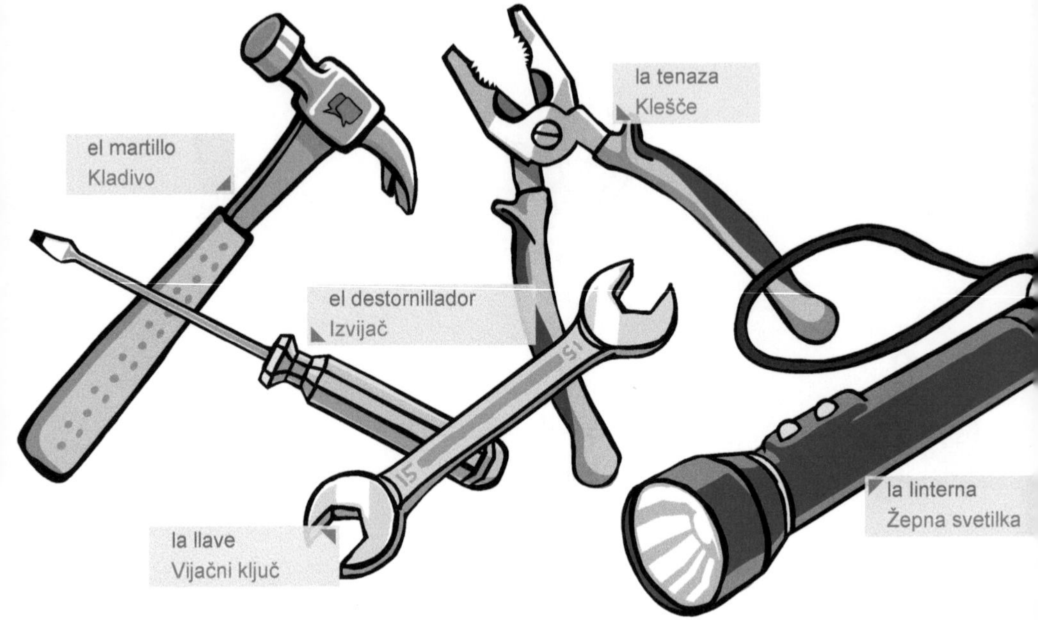

el martillo
Kladivo
la tenaza
Klešče
el destornillador
Izvijač
la llave
Vijačni ključ
la linterna
Žepna svetilka

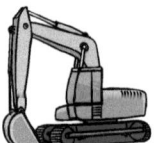

la excavadora

Bager

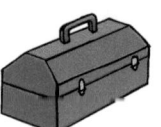

la caja de herramientas

Zaboj z orodjem

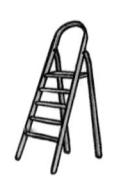

la escalera portátil

Lestev

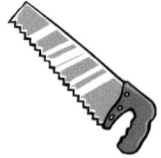

la sierra

Žaga

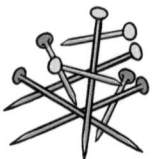

los clavos

Žeblji

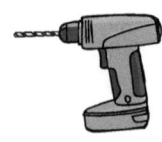

el taladro

Vrtalnik

arreglar

Popraviti

la pala de jardín

Lopata

¡Qué bronca!

Šment!

la pala de plástico

Smetišnica

el tacho de pintura

Posoda z barvo

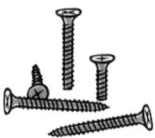

los tornillos

Vijaki

los instrumentos musicales
Glasbeni instrument

el parlante
Zvočnik

la batería
Tolkala

la guitarra
Kitara

el contrabajo
Kontrabas

la trompeta
Trobenta

el piano

Klavir

el violín

Violina

el bajo

Bas kitara

los timbales

Pavke

el tambor

Bobni

el teclado

Sintetizator

el saxofón

Saksofon

la flauta

Flavta

el micrófono

Mikrofon

el zoológico

Živalski vrt

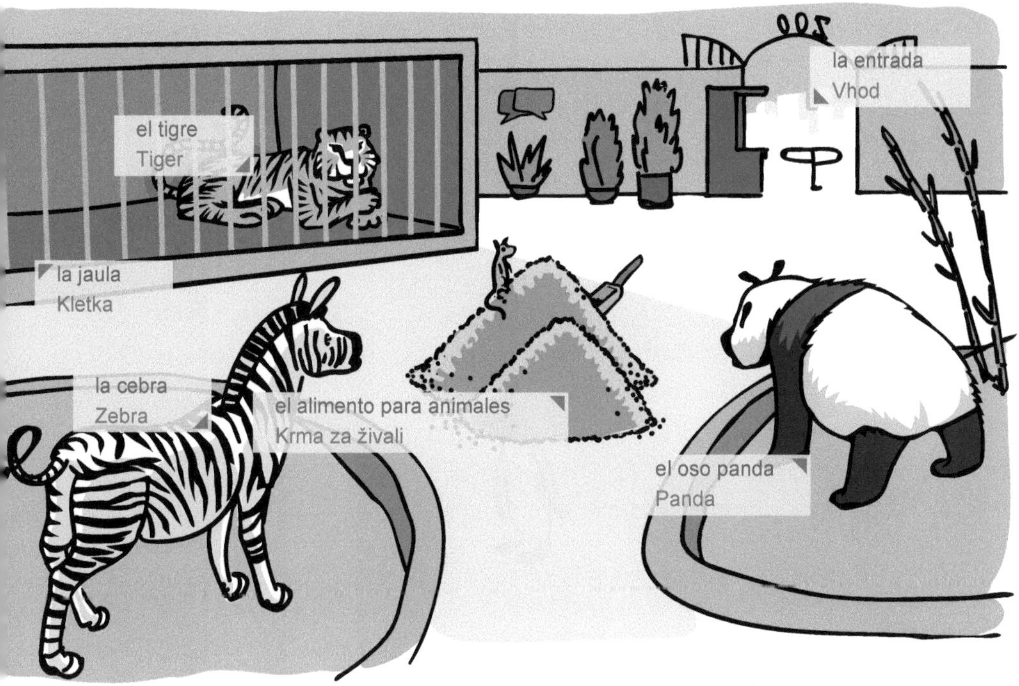

el tigre
Tiger
la entrada
Vhod
la jaula
Kletka
la cebra
Zebra
el alimento para animales
Krma za živali
el oso panda
Panda

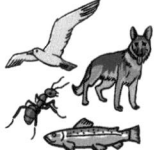

los animales
Živali

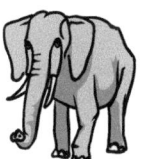

el elefante
Slon

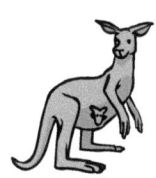

el canguro
Kenguru

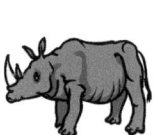

el rinoceronte
Nosorog

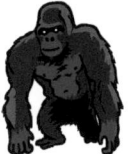

el gorila
Gorila

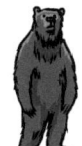

el oso
Medved

el camello

Kamela

el avestruz

Noj

el león

Lev

el mono

Opica

el flamenco

Plamenec

el loro

Papagaj

el oso polar

Severni medved

el pingüino

Pingvin

el tiburón

Morski pes

el pavo real

Pav

la serpiente

Kača

el cocodrilo

Krokodil

el cuidador del zoológico

Oskrbnik v živalskem vrtu

la foca

Tjulenj

el jaguar

Jaguar

el poni

Poni

el leopardo

Leopard

el hipopótamo

Povodni konj

la jirafa

Žirafa

el águila

Orel

el jabalí

Divji prašič

el pescado

Riba

la tortuga

Želva

la morsa

Mrož

el zorro

Lisica

la gacela

Gazela

el fútbol americano
Ameriški nogomet

el ciclismo
Kolesarjenje

el tenis
Tenis

el básquet
Košarka

la natación
Plavanje

el boxeo
Boks

el hockey sobre hielo
Hokej

el fútbol
Nogomet

el bádminton
Badminton

el atletismo
Atletika

el handball
Rokomet

el esquí
Smučanje

el polo
Polo

las actividades
Dejavnosti

saltar
Skočiti
reír
Smejati se
abrazar
Objeti
caminar
Hoditi
cantar
Peti
soñar
Sanjati
rezar
Moliti
besar
Poljubiti

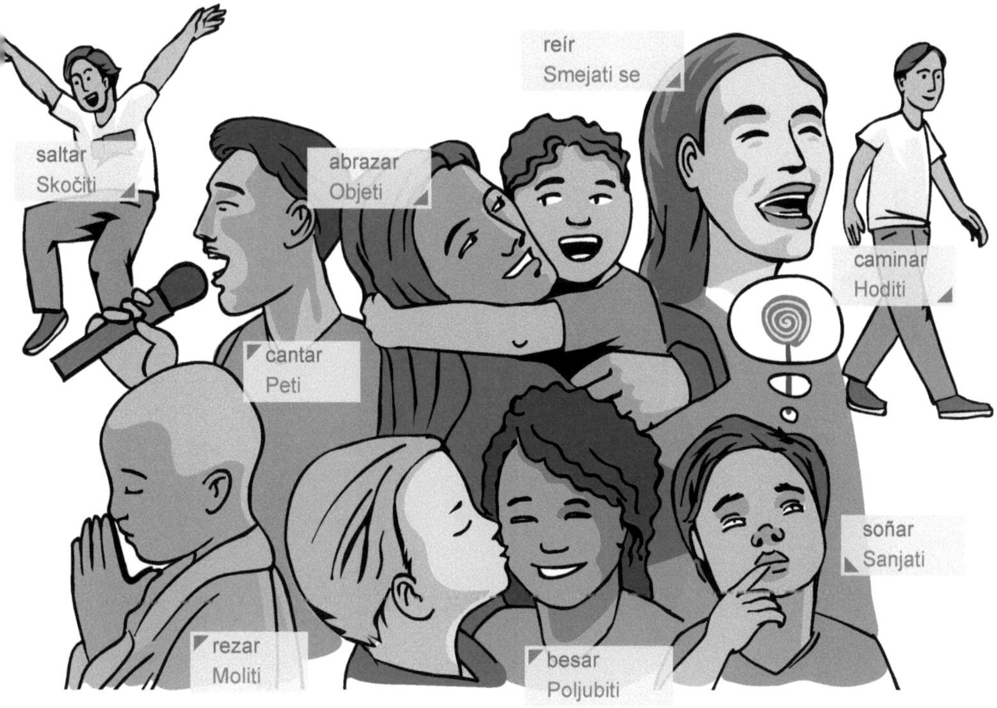

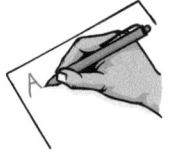

escribir

Pisati

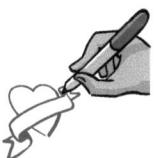

dibujar

Risati

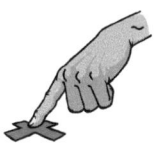

mostrar

Pokazati

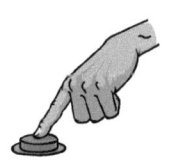

presionar

Potisniti

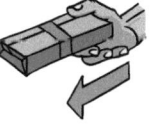

dar

Dati

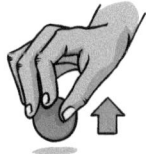

tomar

Vzeti

tener

Imeti

hacer

Narediti

ser

Biti

estar parado

Stati

correr

Teči

tirar

Vleči

tirar

Vreči

caer

Pasti

estar acostado

Ležati

esperar

Čakati

llevar

Nositi

estar sentado

Sedeti

vestirse

Obleči se

dormir

Spati

despertar

Zbuditi se

mirar
Gledati

llorar
Jokati

acariciar
Božati

peinar
Česati se

hablar
Govoriti

entender
Razumeti

preguntar
Vprašati

escuchar
Poslušati

beber
Piti

comer
Jesti

ordenar
Pospraviti

amar
Ljubiti

cocinar
Kuhati

manejar
Voziti

volar
Leteti

navegar

Jadrati

calcular

Računanje

leer

Brati

aprender

Učiti se

trabajar

Delati

casarse

Poročiti se

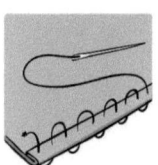

coser

Šivati

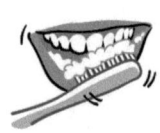

cepillarse los dientes

Ščetkati si zobe

matar

Ubiti

fumar

Kaditi

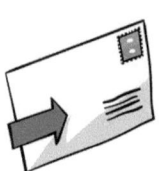

enviar

Poslati

la familia
Družina

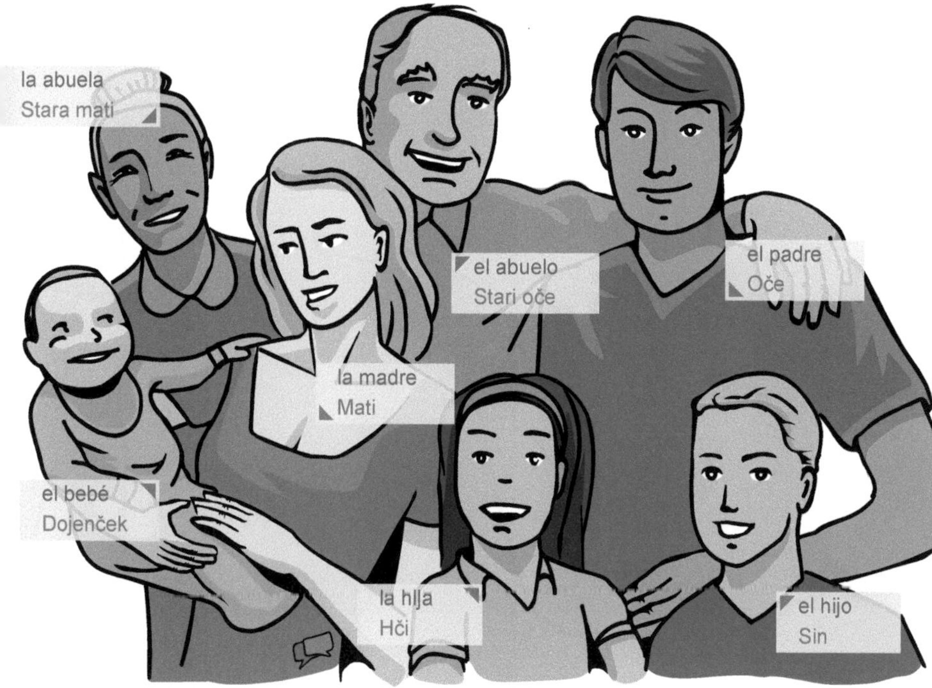
la abuela
Stara mati
el abuelo
Stari oče
el padre
Oče
la madre
Mati
el bebé
Dojenček
la hija
Hči
el hijo
Sin

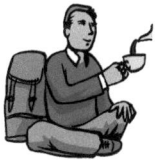

el invitado

Gost

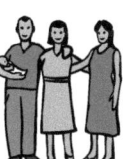

la tía

Teta

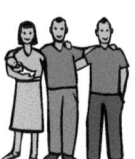

el tío

Stric

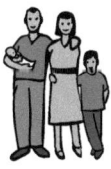

el hermano

Brat

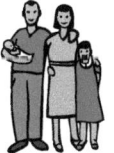

la hermana

Sestra

el cuerpo
Telo

la frente
Čelo
el ojo
Oko
el hombro
Rama
el dedo
Prst
la cara
Obraz
la pera
Brada
la mano
Dlan
la pierna
Noga
el pecho
Prsi
el brazo
Roka

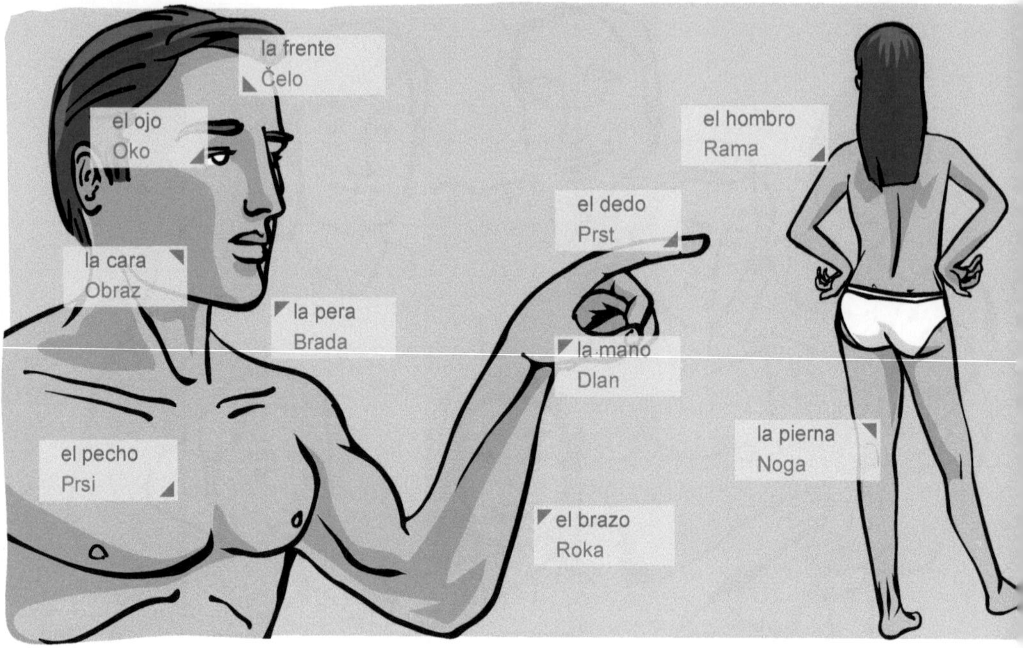

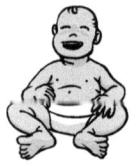

el bebé
Dojenček

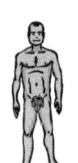

el hombre
Človek

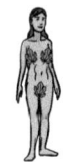

la mujer
Ženska

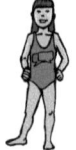

la nena
Dekle

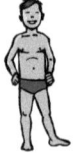

el nene
Fant

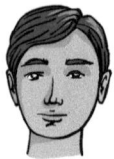

la cabeza
Glava

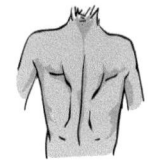

la espalda

Hrbet

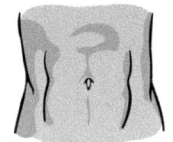

la panza

Trebuh

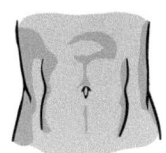

el ombligo

Popek

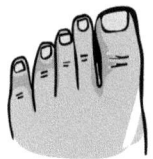

el dedo del pie

Prst na nogi

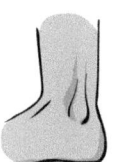

el talón

Peta

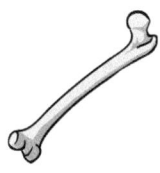

el hueso

Kost

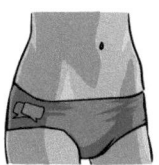

la cadera

Kolk

la rodilla

Koleno

el codo

Komolec

la nariz

Nos

la cola

Zadnjica

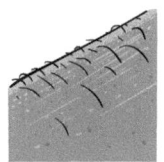

la piel

Koža

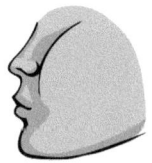

el cachete

Lice

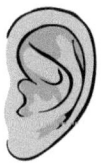

la oreja

Uho

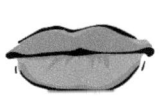

el labio

Ustnica

la boca

Usta

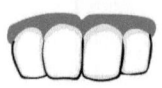

el diente

Zob

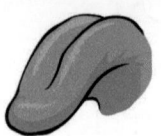

la lengua

Jezik

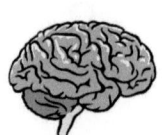

el cerebro

Možgani

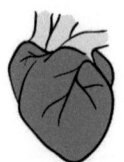

el corazón

Srce

el músculo

Mišica

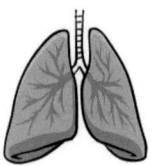

el pulmón

Pljuča

el hígado

Jetra

el estómago

Želodec

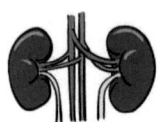

los riñones

Ledvice

el sexo

Spolni odnos

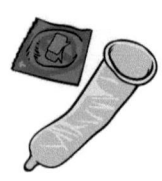

el preservativo

Kondom

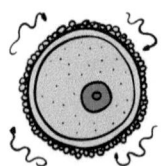

el óvulo

Jajčece

el semen

Semenska tekočina

el embarazo

Nosečnost

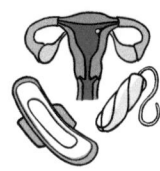

la menstruación

Menstruacija

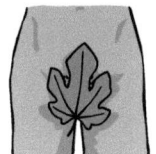

la vagina

Vagina

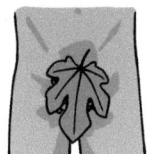

el pene

Penis

la ceja

Obrv

el pelo

Lasje

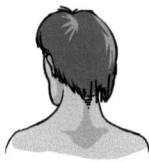

el cuello

Vrat

el hospital
Bolnišnica

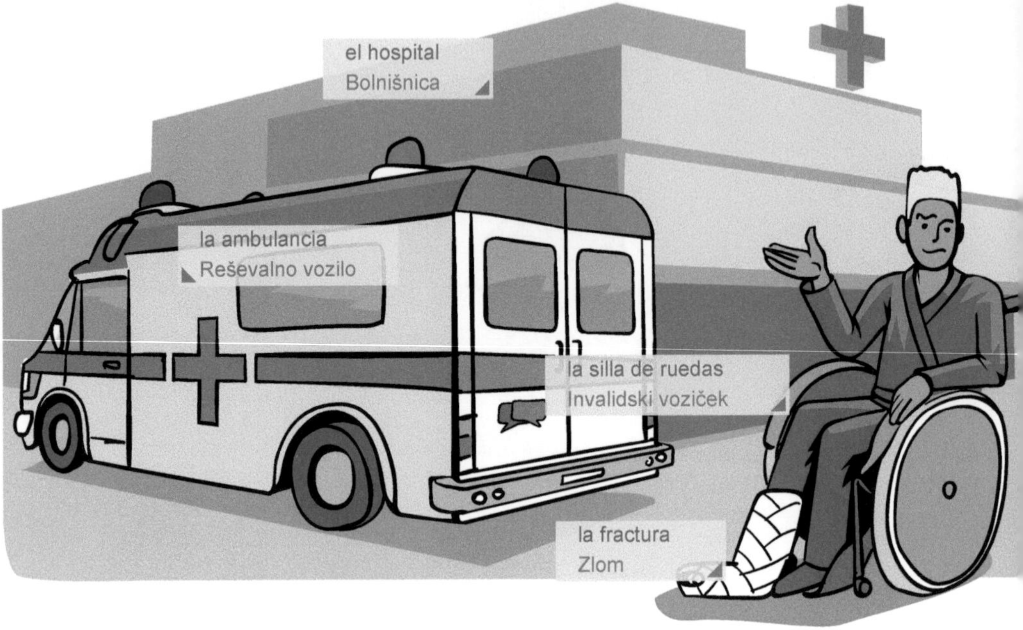

el hospital
Bolnišnica
la ambulancia
Reševalno vozilo
la silla de ruedas
Invalidski voziček
la fractura
Zlom

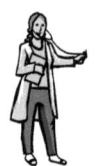

el médico

Zdravnik

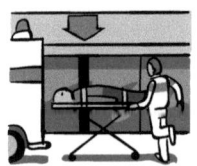

la sala de guardia

Urgenca

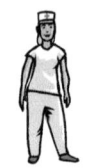

la enfermera

Medicinska sestra

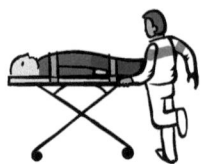

la emergencia

Nujni primer

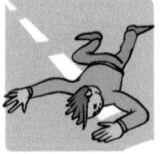

inconsciente

Nezavesten

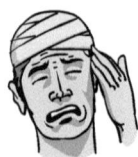

el dolor

Bolečina

la lesión

Poškodba

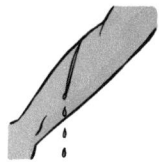

la hemorragia

Krvavenje

el infarto

Srčni infarkt

el ACV

Kap

la alergia

Alergija

la tos

Kašelj

la fiebre

Vročina

la gripe

Gripa

la diarrea

Driska

el dolor de cabeza

Glavobol

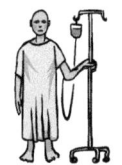

el cáncer

Rak

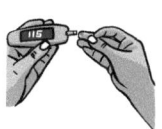

la diabetes

Sladkorna bolezen

el cirujano

Kirurg

el bisturí

Skalpel

la operación

Operacija

la TC

CT

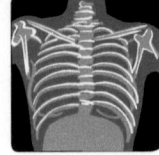

los rayos x

Rentgen

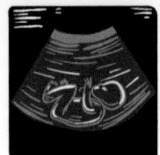

la ecografía

Ultrazvok

el barbijo

Obrazna maska

la enfermedad

Bolezen

la sala de espera

Čakalnica

la muleta

Bergla

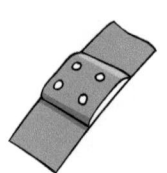

la curita

Obliž

la venda

Preveza

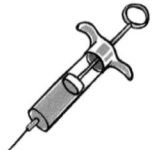

la inyección

Injekcija

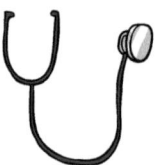

el estetoscopio

Stetoskop

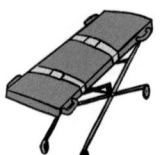

la camilla

Nosila

el termómetro

Klinični termometer

el nacimiento

Porod

el sobrepeso

Prekomerna teža

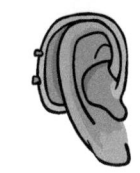

el audífono

Slušni pripomoček

el desinfectante

Razkužilo

la infección

Okužba

el virus

Virus

el VIH / SIDA

HIV / AIDS

el remedio

Medicina

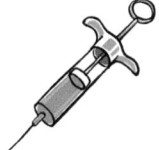

la vacunación

Cepljenje

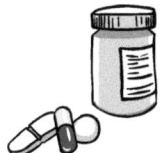

los comprimidos

Tablete

la pastilla anticonceptiva

Tableta

la llamada de emergencia

Klic v sili

el tensiómetro

Merilnik krvnega tlaka

enfermo / sano

bolano / zdravo

¡Ayuda!

Na pomoč!

la alarma

Alarm

la agresión

Napad

el ataque

Napad

el peligro

Nevarnost

la salida de emergencia

Izhod v sili

¡Fuego!

Gori!

el matafuego

Gasilni aparat

el accidente

Nezgoda

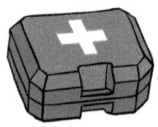

el botiquín de primeros
auxilios

Komplet za prvo pomoč

el SOS

SOS

la policía

Policija

Europa

Evropa

América del Norte

Severna Amerika

América del Sur

Južna Amerika

África

Afrika

Asia

Azija

Australia

Avstralija

el Atlántico

Atlantski ocean

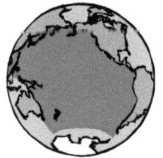

el Pacífico

Tihi ocean

el Océano Índico

Indijski ocean

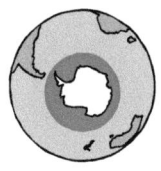

el Océano Antártico

Južni ocean

el Océano Ártico

Arktični ocean

el polo norte

Severni tečaj

el polo sur

Južni tečaj

la Antártida

Antarktika

la Tierra

Zemlja

la tierra

Kopno

el mar

Morje

la isla

Otok

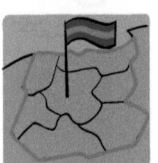

la nación

Narod

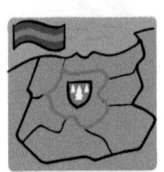

el estado

Država

la esfera

Številčnica

la manecilla de las horas

Urni kazalec

el minutero

Minutni kazalec

el segundero

Sekundni kazalec

¿Qué hora es?

Koliko je ura?

el día

Dan

la hora

Čas

ahora

Zdaj

el reloj digital

Digitalna ura

el minuto

Minuta

la hora

Ura

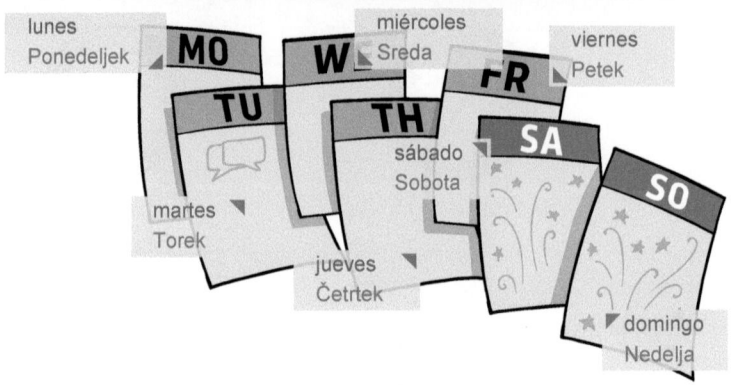

lunes
Ponedeljek

miércoles
Sreda

viernes
Petek

martes
Torek

sábado
Sobota

jueves
Četrtek

domingo
Nedelja

ayer

Včeraj

hoy

Danes

mañana

Jutri

la mañana

Jutro

el mediodía

Poldne

la tarde

Večer

los días hábiles

Delovni dnevi

el fin de semana

Konec tedna

el año
Leto

la lluvia
Dež
el arco iris
Mavrica
el viento
Veter
la nieve
Sneg
la primavera
Pomlad
el verano
Poletje
el otoño
Jesen
el invierno
Zima

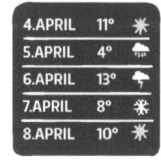

4.APRIL 11°
5.APRIL 4°
6.APRIL 13°
7.APRIL 8°
8.APRIL 10°

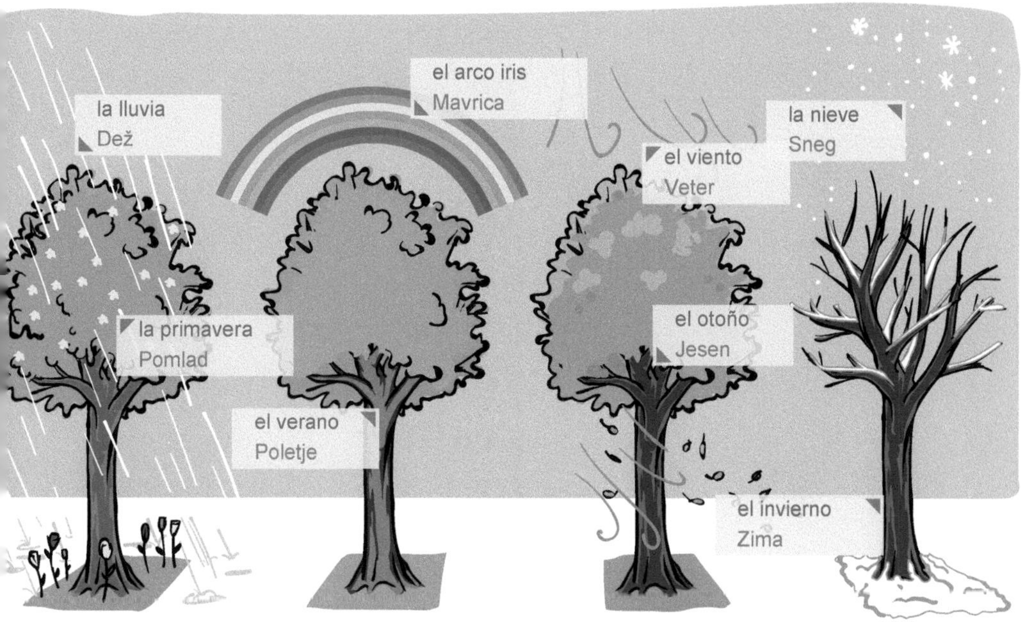

pronóstico meteorológico

....

Vremenska napoved

F
C
120
90
60
30
0
-30
40
30
20
10
0
-10
-20

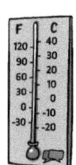

el termómetro

....

Termometer

la luz del sol

....

Sončna svetloba

la nube

....

Oblak

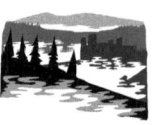

la niebla

....

Megla

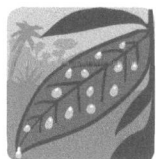

la humedad

....

Vlažnost

el rayo

Strela

el trueno

Grom

la tormenta

Nevihta

el granizo

Toča

el monzón

Monsun

la inundación

Poplava

el hielo

Led

enero

Januar

febrero

Februar

marzo

Marec

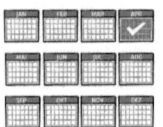

abril

April

mayo

Maj

junio

Junij

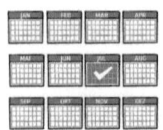

julio

Julij

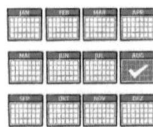

agosto

Avgust

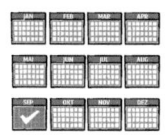

septiembre
September

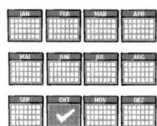

octubre
Oktober

noviembre
November

diciembre
December

las formas

Oblike

el círculo
Krogla

el cuadrado
Kvadrat

el rectángulo
Pravokotnik

el triángulo
Trikotnik

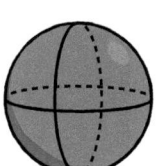

la esfera
Krogla

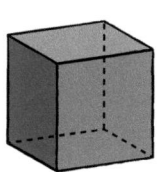

el cubo
Kocka

blanco

Bela

amarillo

Rumena

naranja

Oranžna

rosa

Rožnata

rojo

Rdeča

violeta

Vijolična

azul

Modra

verde

Zelena

marrón

Rjava

gris

Siva

negro

Črna

mucho / poco

veliko / malo

enojado / tranquilo

jezno / umirjeno

lindo / feo

lepo / grdo

el principio / el fin

začetek / konec

grande / chico

veliko / majhno

claro / oscuro

svetlo / temno

el hermano / la hermana

brat / sestra

limpio / sucio

čisto / umazano

completo / incompleto

popolno / nepopolno

el día / la noche

dan / noč

muerto / vivo

mrtvo / živo

ancho / angosto

široko / ozko

comestible / no comestible

....

užitno / neužitno

malo / amable

....

zlobno / prijazno

entusiasmado / aburrido

....

vznemirjeno / zdolgočaseno

gordo / flaco

....

debelo / vitko

primero / último

....

prvo / zadnje

el amigo / el enemigo

....

prijatelj / sovražnik

lleno / vacío

....

polno / prazno

duro / blando

....

trdo / mehko

pesado / liviano

....

težko / lahko

el hambre / la sed

....

lakota / žeja

enfermo / sano

....

bolano / zdravo

ilegal / legal

....

nezakonito / zakonito

inteligente / estúpido

....

pametno / neumno

izquierda / derecha

....

levo / desno

cerca / lejos

....

blizu / daleč

nuevo / usado

novo / rabljeno

nada / algo

nič / nekaj

viejo / joven

staro / mlado

encendido / apagado

vklopljeno / izklopljeno

abierto / cerrado

odprto / zaprto

silencioso / ruidoso

tiho / glasno

rico / pobre

bogato / revno

correcto / incorrecto

prav / narobe

áspero / suave

grobo / gladko

triste / contento

žalostno / veselo

corto / largo

kratko / dolgo

lento / rápido

počasi / hitro

mojado / seco

mokro / suho

caliente / frío

toplo / hladno

guerra / paz

vojna / mir

0	**1**	**2**
cero	uno	dos
Ničla	Ena	Dva

3	**4**	**5**
tres	cuatro	cinco
Tri	Štiri	Pet

6	**7**	**8**
seis	siete	ocho
Šest	Sedem	Osem

9	**10**	**11**
nueve	diez	once
Devet	Deset	Enajst

12	**13**	**14**
doce	trece	catorce
Dvanajst	Trinajst	Štirinajst
15	**16**	**17**
quince	dieciséis	diecisiete
Petnajst	Šestnajst	Sedemnajst
18	**19**	**20**
dieciocho	diecinueve	veinte
Osemnajst	Devetnajst	Dvajset
100	**1.000**	**1.000.000**
cien	mil	el millón
Sto	Tisoč	Milijon

el inglés

Angleščina

el inglés americano

Ameriška angleščina

el chino mandarín

Mandarinščina

el hindi

Hindujščina

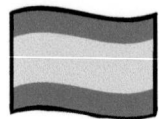

el español

Španščina

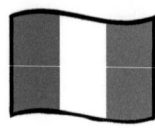

el francés

Francoščina

el árabe

Arabščina

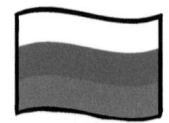

el ruso

Ruščina

el portugués

Portugalščina

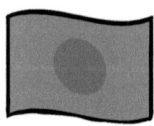

el bengalí

Bengalščina

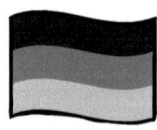

el alemán

Nemščina

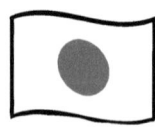

el japonés

Japonščina

yo

Jaz

vos

Ti

él / ella

On / ona / tisto

nosotros

Mi

ustedes

Vi

ellos

Oni

¿quién?

Kdo?

¿qué?

Kaj?

¿cómo?

Kako?

¿dónde?

Kje?

¿cuándo?

Kdaj?

el nombre

Ime

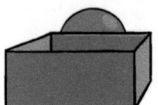

detrás
....
Zadaj

en
....
V

adelante de
....
Pred

por encima de
....
Nad

sobre
....
Na

debajo de
....
Pod

al lado de
....
Poleg

entre
....
Med

el lugar
....
Kraj